First Picture Dictionary
Animals
İlk Resimli Sözlük
Hayvanlar

Pig
Domuz

Rabbit
Tavşan

Butterfly
Kelebek

Fox
Tilki

Illustrated by Anna Ivanir

www.kidkiddos.com
Copyright ©2025 by KidKiddos Books Ltd.
support@kidkiddos.com

All rights reserved. No part of this book may be reproduced in any form or by any electronic or mechanical means, including information storage and retrieval systems, without written permission from the publisher, except in the case of a reviewer, who may quote brief passages embodied in critical articles or in a review.
First edition, 2025

Library and Archives Canada Cataloguing in Publication
First Picture Dictionary - Animals (English Turkish Bilingual edition)
ISBN: 978-1-0497-0001-4 paperback
ISBN: 978-1-0497-0002-1 hardcover
ISBN: 978-1-0497-0000-7 eBook

Wild Animals
Vahşi Hayvanlar

Lion
Aslan

Tiger
Kaplan

Giraffe
Zürafa

✦ *A giraffe is the tallest animal on land.*
✦ *Zürafa karada yaşayan en uzun hayvandır.*

Elephant
Fil

Monkey
Maymun

Wild Animals
Vahşi Hayvanlar

Hippopotamus
Su aygırı

Panda
Panda

Fox
Tilki

Rhino
Gergedan

Deer
Geyik

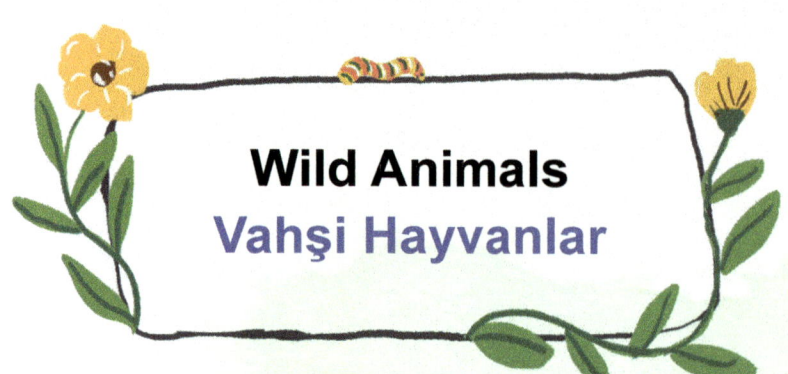

Moose
Kanada geyiği

Wolf
Kurt

✦ A moose is a great swimmer and can dive underwater to eat plants!

✦ *Kanada geyiği çok iyi bir yüzücüdür ve bitkileri yemek için suyun altına dalabilir!*

Squirrel
Sincap

Koala
Koala

✦ A squirrel hides nuts for winter, but sometimes forgets where it put them!

✦ *Sincap kış için fındıkları saklar ama bazen onları nereye koyduğunu unutur!*

Gorilla
Goril

Pets
Evcil Hayvanlar

Canary
Kanarya

✦ A frog can breathe through its skin as well as its lungs!

✦ *Kurbağa hem derisiyle hem de akciğerleriyle nefes alabilir!*

Guinea Pig
Gine Domuzu

Frog
Kurbağa

Hamster
Hamster

Goldfish
Japon balığı

Dog
Köpek

◆ *Some parrots can copy words and even laugh like a human!*
✦ *Bazı papağanlar kelimeleri tekrar edebilir ve hatta insanlar gibi gülebilir!*

Cat
Kedi

Parrot
Papağan

Animals at the Farm
Çiftlik Hayvanları

Cow
İnek

Chicken
Tavuk

Duck
Ördek

Sheep
Koyun

Horse
At

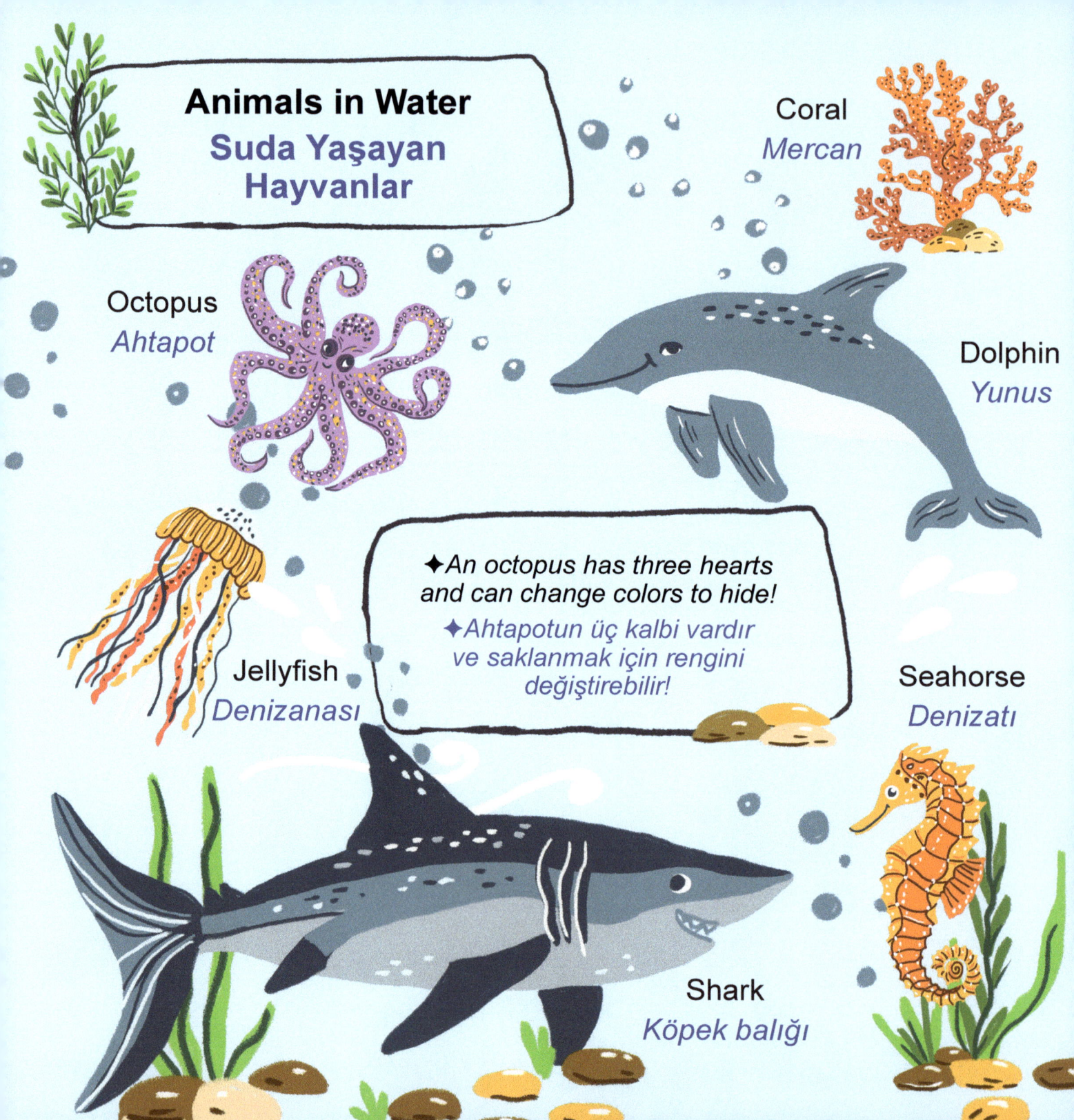

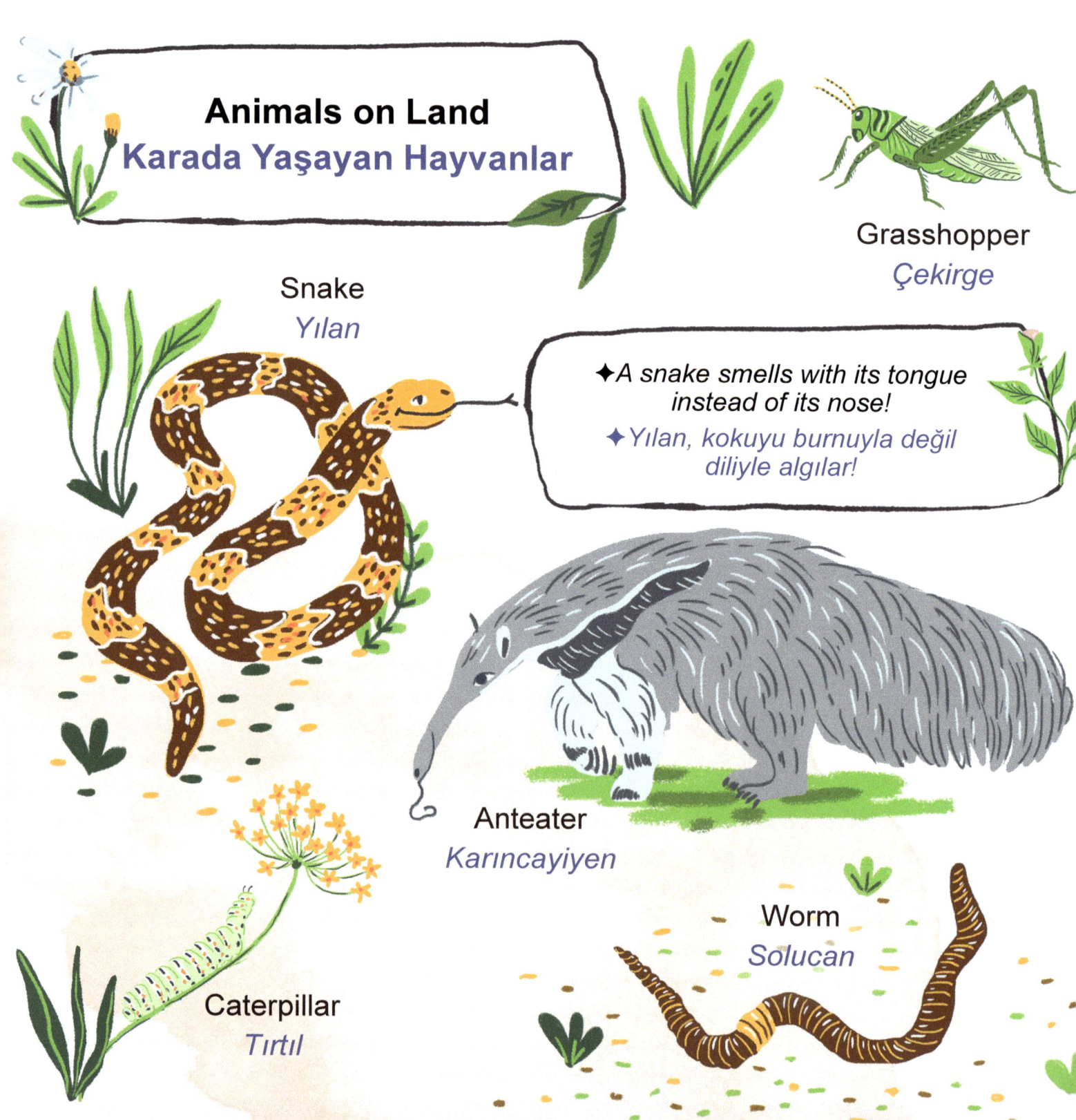

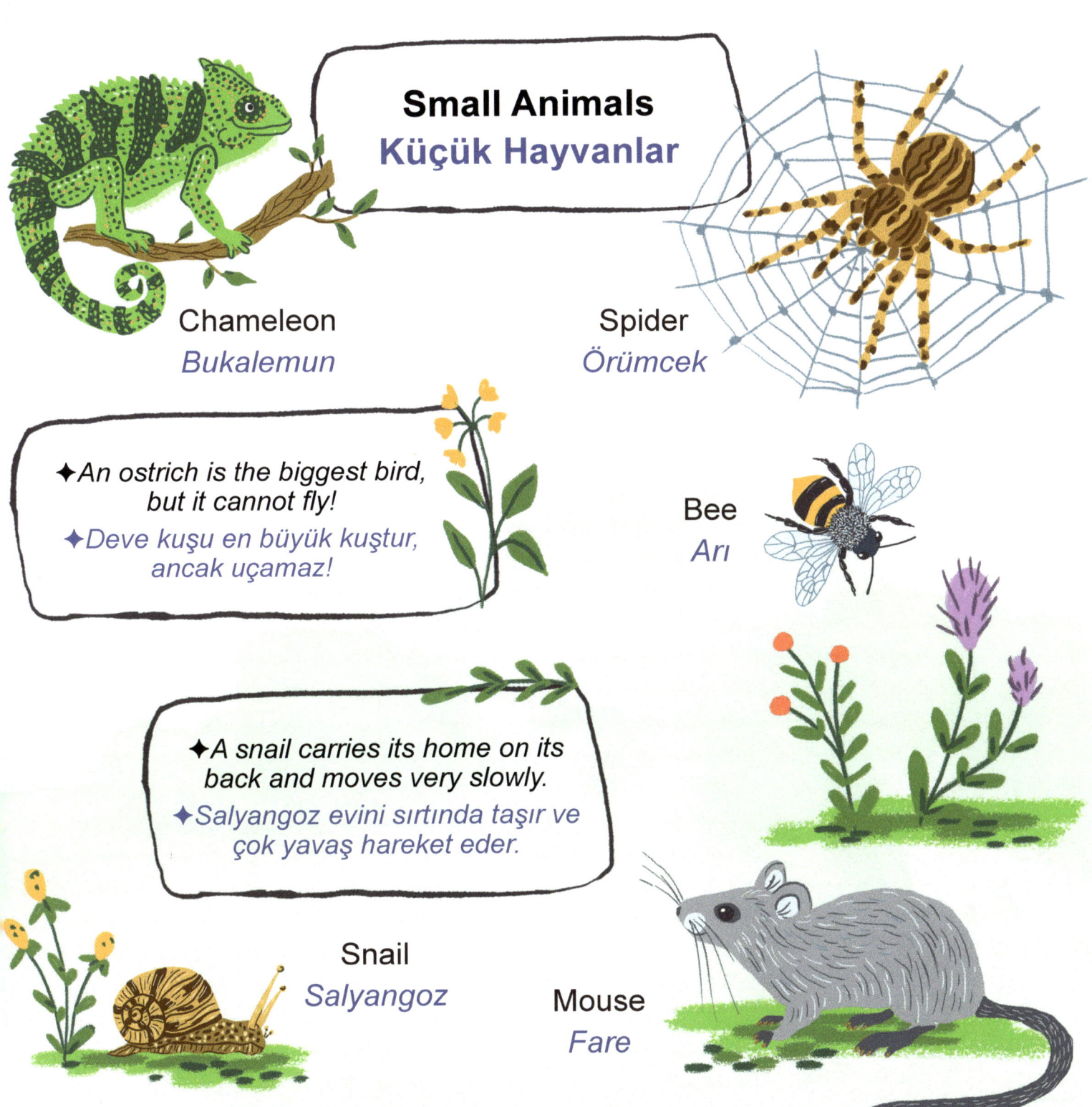

Quiet Animals
Sessiz Hayvanlar

Ladybug
Uğur böceği

Turtle
Kaplumbağa

✦ A turtle can live both on land and in water.
✦ *Kaplumbağa hem karada hem de suda yaşayabilir.*

Fish
Balık

Lizard
Kertenkele

Owl
Baykuş

Bat
Yarasa

✦An owl hunts at night and uses its hearing to find food!
✦*Baykuş, geceleri avlanır ve yiyeceğini bulmak için işitme yeteneğini kullanır!*

✦A firefly glows at night to find other fireflies.
✦*Ateş böceği, diğer ateş böceklerini bulmak için geceleri ışık saçar.*

Raccoon
Rakun

Tarantula
Tarantula

Colorful Animals
Renkli Hayvanlar

A flamingo is pink
Flamingo pembedir

An owl is brown
Baykuş kahverengidir

A swan is white
Kuğu beyazdır

An octopus is purple
Ahtapot mordur

A frog is green
Kurbağa yeşildir

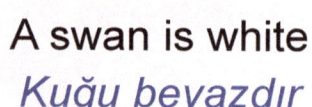

✦ A frog is green, so it can hide among the leaves.
✦ *Kurbağa yeşildir, bu sayede yaprakların arasında saklanabilir.*

Animals and Their Babies
Hayvanlar ve Yavruları

Cow and Calf
İnek ve buzağı

Cat and Kitten
Kedi ve yavru kedi

✦ A chick talks to its mother even before it hatches.

✦ *Civciv, yumurtadan çıkmadan önce bile annesiyle konuşur.*

Chicken and Chick
Tavuk ve civciv

Dog and Puppy
Köpek ve yavru köpek

Butterfly and Caterpillar
Kelebek ve tırtıl

Sheep and Lamb
Koyun ve kuzu

Horse and Foal
At ve tay

Pig and Piglet
Domuz ve domuz yavrusu

Goat and Kid
Keçi ve oğlak

www.ingramcontent.com/pod-product-compliance
Lightning Source LLC
LaVergne TN
LVHW072003060526
838200LV00010B/271